친구들 앞에서 당당하고 자신 있게 말하는 법

학급 회장이 되고 싶은 아이들을 위한 말하기 수업

친구들 앞에서 당당하고 자신 있게 말하는 법

김수현 글 | 보람 그림

프롤로그

"학교 다녀오겠습니다!"

초등학교 3학년이 된 시오! 새 학기 첫날 등교하는 모습이 참으로 씩씩합니다. 시오는 초등학교 3학년이 되기를 손꼽아 기다렸습니다. 왜일까요? 바로 알림장 3번 때문입니다.

> ♦ 202X년 3월 2일 월요일 알림장 ♦
> 1. 각종 가정통신문 부모님께 전달하기
> 2. 준비물 빠짐없이 챙겨 오기
> 3. 3월 6일 금요일 - 학급 임원 선거 실시

"엄마! 엄마! 3월 6일에 학급 임원 선거를 한대요! 저도 이제 형처럼 학급 회장이 될 수 있는 거죠?"

시오에게는 형이 한 명 있는데, 형은 초등학교 3학년 때부터 중학교 1학년인 지금까지 단 한 번도 학급 임원 선거에서 떨어진 적이 없었어요. 시오는 그런 형이 부러웠어요. 그래서 학급 임원 선거가 시작되는 초등학교 3학년이 되길 기다렸던 거죠.

"그렇게 학급 임원 선거에 나가고 싶었니?"

"그럼요! 저도 형처럼 학급 임원 선거에 나가서 임명장을 받을 거예요. 친구들도 도와주고요. 얼마나 멋져요! 그렇죠?"

"그럼, 그럼! 멋지지~. 멋지고말고! 자, 이제 그럼 학급 임원 선거에 출마할 준비를 해야겠네?"

시오는 깜짝 놀랐어요. 학급 임원 선거에 나가는데 무슨 준비가 필요하다는 건지 몰랐으니까요. 그렇지만 짐짓 괜찮은 척 당당하게 말했죠.

"준비는 필요 없어요! 준비는 끝났다고요! 형이 자신감만 있으면 된다고 했어요!"

며칠 뒤, 3월 6일 금요일이 되었어요. 기다리던 학급 임원 선거 날이에요.

"지금부터 학급 임원 선거를 시작하도록 하겠습니다. 여러분 모두 처음으로 학급 임원 선거를 해 보지요? 선생님이 자세히 설명해 줄 테니 잘 들어 보세요."

시오는 선생님 설명이 하나도 귀에 들어오지 않았어요. 심장이 너무 두근거려서 몸 밖으로 튀어나올 것 같았거든요.

"자, 그럼 이제부터 학급 회장으로 추천하고 싶은 친구가 있으면 추천해 주세요."

시오는 살짝 걱정이 됐어요. 자기를 추천해 주는 친구가 없다면 선거에 출마해 보지도 못하고 떨어지는 거니까요. 그런데 쓸데없는 걱정이었어요.

"저는 저를 추천합니다!"

"저도 저를 추천합니다!"

자기 자신을 추천하는 친구가 두 명이나 있었던 거예요. 시오는 손을 들고 선생님께 질문했어요.

"선생님! 자기가 자기를 추천해도 되는 거예요?"

친구들이 한심하다는 듯이 소리쳤어요.

"하시오! 아까 선생님이 말씀하셨잖아! 자기가 자기를 추천해도 된다고!"

시오는 순간 머쓱해졌어요. 선생님의 말씀을 귀담아듣지 않았더니 중요한 걸 놓치고 만 거예요. 선거에 출마하기 전부터 이미지를 구긴 것 같아서 조금 걱정이 됐지만, 이대로 포기할 시오가 아니었어요.

"저는 저 하시오를 추천합니다!"

아직 투표가 시작된 것도 아닌데, 후보자 명단에 이름을 올린 것만으로도 시오는 벌써 학급 회장이 된 것만 같은 기분이었어요.

그런데 이럴 수가! 시오는 깜짝 놀랄 수밖에 없었어요. 시오네 반은 모두 스물다섯 명인데, 열다섯 명이나 학급 임원 선거에 출마한 거예요. 열다섯 명 중에서 회장은 단 한 명, 부회장도 단 한 명! 두 명을 제외한 나머지 열세 명의 어린이는 모두 탈락이라고 생각하니, 눈앞이 캄캄해지는 기분이었어요. 처음에는 부회장도 싫고, 무조건 회장만 되고 싶었는데 마음이 바뀌었어요. 부회장이 되어도 너무 기분 좋을 것 같아요.

"자, 지금부터 소견 발표를 시작하겠습니다!"

소견 발표?! 그게 대체 뭐죠? 시오는 또 한 번 깜짝 놀랐어요. 학급 임원 선거에 이런 복잡한 절차가 있었다니, 왜 이런 중요한 걸 하나도 알려 주지 않았는지 시오는 형이 원망스럽기까지 했어요.

그래도 정말 다행이었어요. 선생님께서 가나다순대로 소견 발표를 시작한다고 말씀하셨거든요. 시오는 성이 '하'였기 때문에 친구들의 발표를 보고 맨 마지막으로 소견 발표를 할 수 있었어요.

친구들의 소견 발표는 다양했어요. 언제 이런 걸 다 준비했는지 친구들의 소견 발표에 저절로 박수가 나왔어요. 시오는 자기 차례가 다가오는 줄도 모르고 친구들의 소견 발표를 집중해서 들었답니다.

"자, 마지막 어린이입니다! 하시오 어린이! 앞으로 나와 주세요!"

선생님께서 시오를 부르셨어요. 그런데 단 한 발짝도 움직일 수가 없었어요. 발바닥이 교실 바닥에 달라붙은 것만 같았거든요. 어떡하죠? 앞에 나가서 뭐라고 말해야 하죠?

"하시오, 빨리 나가! 뭐해?"

친구들이 시오를 채근했어요. 하는 수 없이 터벅터벅 앞으로 나간 시오는 기어들어 가는 목소리로 말했어요.

"저… 저를… 뽑아… 주세요…."

그러고는 황급히 자기 자리로 돌아왔답니다. 시오는 얼굴이 화끈거렸어요. 엄마가 같이 준비하자고 할 때 차분히 준비해 볼걸 그랬나 후회했지만 이미 늦었어요.

자, 그럼 학급 임원 선거 결과는 어떻게 되었을까요? 시오는 3학년 1학기 회장에도, 부회장에도 당선되지 못했어요. 하지만 괜찮아요. 시오는 겸허히 결과를 받아들였어요. 아무런 준비 없이 학급 임원 선거에 나갔으니 당선되지 못한 게 당연하다고 생각했기 때문이죠. 그렇다고 해서 시오가 학급 임원 선거를 포기한 건 아니랍니다.

"엄마, 아빠 그리고 형! 나 포기하지 않았어. 앞으로 기회는 많고, 열심히 준비한다면 나도 그 기회를 잡을 수 있을 거야. 안 그래?"

"역시 우리 아들이야! 무엇이든 도전해 보려는 자세, 그게 우리 시오의 진짜 멋진 모습인 거 알지? 이런 모습을 친구들이 알아봐 준다면 앞으로의 회장, 부회장 선거에서 좋은 결과가 있을 거야. 아빠는 우리 시오를 응원한다!"

매년, 학기 초마다 각 교실에 흐르는 긴장감! 두구두구두구~ 바로 학급 임원 선거가 시작되는 현장입니다! 선거에 나가고 싶었지만, 어떤 공약을 말해야 할지 몰라서 고민만 하다가 포기하고 좌절한 경험이 있나요? "저는 저를 추천합니다!"라고 호기롭게 외쳤는데 막상 단상에 서니 뭐라고 말해야 할지 몰라 막막했던 적은요?

그동안 선생님은 시오와 같은 친구들을 많이 만났어요. 학급 임원 선거에 나가고 싶었지만 고민만 하고 나가지 못했던 친구, 또 어떻게 준비해야 하는지 막막해하는 친구들 말이에요. 그래서 이러한 친구들을 위한 책을 만들어 보기로 했답니다. 그렇지만 이 책은 꼭 학급 임원 선거에 출마하려는 어린이만 읽는 책이 아니에요. 자신감 있게 말하고 싶은 어린이들, 당당하게 내 의견을 말하고 싶은 어린이들 모두에게 도움이 될 거예요. 이제 이 책을 재미있게 읽으며 선생님과 함께 고민해 봐요. 그래서 우리 다음 학기에는 자신 있게 도전해 보자고요!

— 김수현

차례

프롤로그   4

1장   회장 선거를 준비하기 전에 꼭 알아야 할 것!

- ★ '말하기'가 다 거기서 거기지! 안 그래?   16
- ★ '공식적인 말하기'가 대체 뭔데?   18
- ★ 나 책 잘 읽어! 이 정도면 됐지?   20
- ★ 자꾸 움츠러들게 돼!   22
- ★ 어딜 보고 말해야 하는 거야?   24
- ★ 말이 자꾸 빨라져!   26
- ★ 자꾸 우물쭈물 말하게 돼!   28
- ★ 꼭 내 소개를 해야 해?   30

2장 선거 공약의 기본을 알려 줄까?

- ★ 아이들은 배려하는 사람을 좋아해! 34
- ★ 아이들은 성실한 사람을 좋아해! 36
- ★ 아이들은 싸움이 없는 반을 원해! 38
- ★ 아이들은 장점이 많은 사람을 좋아해! 40
- ★ 아이들은 이야기를 잘 들어 주는 학급 회장을 원해! 42

3장 나는 ○○ 같은 회장이 될래!

- ★ 마늘 같은 학급 회장이 되어 보자! 46
- ★ 양파 같은 학급 회장이 되어 보자! 48
- ★ 건전지 같은 학급 회장이 되어 보자! 50
- ★ 초인종 같은 학급 회장이 되어 보자! 52
- ★ 지팡이 같은 학급 회장이 되어 보자! 54

4장 너의 유머로 아이들을 녹이는 건 어때?

- ★ 준비물로 휴지가 필요해! — 58
- ★ 준비물로 실내화가 필요해! — 60
- ★ 진짜 이런 방법도 있다고? — 62
- ★ ~라면? ~라면! — 64
- ★ '대왕 귀'를 준비해! — 66
- ★ '행운의 물건'을 준비해! — 68

5장 멋있는 말을 끼얹어넣어 봐!

- ★ 세상에서 가장 소중한 '금'은? — 72
- ★ 감명 깊게 읽은 책을 활용해 봐! — 74
- ★ 다른 나라 대통령이 한 말을 사용해 보는 거야! — 76

★ 세상에서 가장 위대한 알파벳 세 개는 무엇일까?   78
★ 남들보다 조금 더 노력하는 회장이 되는 거야!   80

6장 내가 전교 어린이 회장 선거에 나간다면!

★ 내가 진짜 할 수 있는 일을 생각해야 해!   84
★ '무비 데이'를 건의해 보겠습니다!   86
★ 급식 반찬을 건의해 보는 건 어때?   88
★ 양심 우산을 설치해 보면 어떨까?   90
★ 각 반에 구급상자를 두는 것도 좋을 거야!   92

에필로그   94

1장

회장 선거를 준비하기 전에 꼭 알아야 할 것!

하시오 군과 빵빵 특공대를 소개합니다!

하시오
(10살, 나나초등학교 3학년 1반)

나도 형처럼
학급 회장이 되고 싶어!

호빵이
(호빵)

언제나 묵묵히 일하는
빵빵 특공대의 믿음직한 일꾼!

꽈잉이
(꽈배기)

이렇게 꽈서 생각해 보면 어때?
아니면 저렇게 꽈서 생각해 보면 어때?
빵빵 특공대의 아이디어 뱅크!

도우넛
(도넛)

빵빵 특공대의 브레인~
똑똑이 도우넛!

카롱이
(마카롱)

모두 나만 바라봐!
사람들의 관심을 즐기는
최고의 재치꾼!

빼로
(빼빼로)

친구들이 뭘 좋아하는지
다 알고 있는
눈치 빠른 센스쟁이!

초초코
(초코케이크)

모두를 달콤하게
사르르 녹여 버리는
배려의 아이콘!

이들의 활약이 정말 기대되지요?
하시오 군과 빵빵 특공대의 학급 회장 당선 프로젝트!
자, 그럼 지금부터 시작해 봅시다!

'말하기'가 다 거기서 거기지! 안 그래?

빵빵 특공대의 조언 — 말하기에는 종류가 있어!

말하기에는 여러 종류가 있어. 아기가 "엄마! 아빠! 맘마!"라고 하는 것도 말하기이고, 화가 나서 "나한테 왜 그래!" 하고 버럭 소리를 지르는 것도 말하기야. "으앙!" 하고 울어 버리는 것도 사실 말하기지. 그리고 아나운서가 뉴스를 전달하는 것도 말하기야. 이처럼 말하기에는 많은 종류가 있어. 따라서 상황에 따라, 장소에 따라, 누구에게 말하느냐에 따라서 어떤 말하기 방법을 선택할지 잘 생각해야 해. 알겠지?

'공식적인 말하기'가 대체 뭔데?

알겠어, 알겠다고! 그러면 어떻게 말해야 하는데?

일단 두 가지로 나눌 수 있어.

두 가지가 뭔데?

시오 군이 이 말을 아직 잘 모르는 것 같아.

맞아.

'공식적'이라는 말은 여러 사람 앞에서 격식을 갖추는 걸 뜻해.

어려워.

빵빵 특공대의 조언 — 여러 사람 앞에서 말하는 건 '공식적인 말하기'야!

여러 사람 앞에서 발표하는 게 '공식적인 말하기'야. 반대로 한두 사람에게만 자유롭게 말하는 건 '비공식적인 말하기'지. 여러 사람 앞에서 말할 때는 절대로 장난스럽게 보이면 안 돼. 형식을 갖춰서 진지한 태도로 임해야 하지. 네가 놀이터에서 친구들에게 비밀 이야기를 할 때랑 학급 회장 소견 발표할 때를 비교해 봐. 어때? 완전히 다르지? 이게 바로 '공식적인 말하기'와 '비공식적인 말하기'의 차이야.

나 책 잘 읽어! 이 정도면 됐지?

빵빵 특공대의 조언 — 책을 소리 내어 읽는 연습을 하면 유리해!

책을 소리 내어 읽는 연습을 하루에 3분만 해 봐. 책을 소리 내어 읽는 연습을 하면 공식적인 말하기를 할 때 훨씬 유리해. 왜냐고? 이 연습은 네 목소리를 더 단단하게 해 주고 듣기 좋은 목소리로 만들어 주거든. 그래서 자신감이 생기지. 그러니까 하루에 딱 3분만 투자해 봐. 자, 일단 지금 네가 읽고 있는 이 페이지를 소리 내어 읽어 볼까? 틀리지 않고 읽는 게 생각보다 어려울걸? 그렇지만 매일 3분만 투자해 봐. 아나운서보다 더 잘 읽을 수 있게 될 거야.

빵빵 특공대의 조언 — 키가 커 보이는 자세를 취해 보자!

공식적인 말하기를 할 때 중요한 것 중 하나가 바로 '자세'야. 왠지 많은 사람이 나만 바라보고 있다는 생각에, 나도 모르게 점점 허리가 구부정해지고 어깨가 좁아지며 고개를 숙이게 되지? 그런데 그러면 안 돼! 지금 당장 허리를 펴고 어깨를 열어 봐. 어때? 조금 전의 너보다 훨씬 키가 커진 것 같은 느낌이 들지 않아? 키가 커 보이는 자세를 취하면, 자세에서부터 자신감이 느껴져. 그리고 믿음직한 어린이라는 느낌을 가져다 주지. 믿음직한 어린이라면 당연히 학급 회장의 자격을 갖춘 거 아닐까? 잊지 마! 키가 커 보이는 자세!

빵빵 특공대의 조언 — 또렷하게 시선을 처리해 보자!

멍한 시선은 안 돼! 아나운서처럼 또렷한 시선이 필요해! 그렇다면 카메라 렌즈를 바라보듯 상대방의 눈을 바라보며 말하는 게 좋아. 만약에 네가 엄마에게 장난감을 사 달라고 조르는 상황이라고 생각해 보자. 너는 엄마의 두 눈을 바라보며 간절한 표정으로 부탁하겠지? 바로 그거야. 누군가에게 내 생각을 전달할 때는 그 사람을 또렷한 눈으로 바라봐야 해. 그런데 여러 사람 앞에서 말할 때는 듣는 사람이 여러 명이니까, 한 사람만 바라보면서 말하는 것보다 왼쪽에 있는 사람 한 명, 가운데에 있는 사람 한 명, 오른쪽에 있는 사람 한 명, 뒤쪽에 있는 사람 한 명, 이렇게 골고루 시선을 맞추면서 이야기하는 게 더 좋겠지?

떨릴수록 사람을 바라봐야 해

말이 자꾸 빨라져!

시오 군을 처음 만난 날, 시오 군이 자랑했던 것 기억나?
그럼, 기억하고말고!
끄덕끄덕

아이참, 이번엔 또 뭔데~.

아, 내가 래퍼처럼 빨리 말할 수 있다고 한 거?

맞아! 눈치 한번 빠르군!

얘들아, 그건 장점이 맞잖아!

당연히 장점이 될 때도 있지. 하지만 '공식적인 말하기'를 할 땐 조심해야 해!

빵빵 특공대의 조언 — 천천히 정말 천천히 말해야 해!

물론 빨리 말하는 건 장점이 될 수도 있어. 그렇지만 공식적인 말하기 상황에서는 빨리 말하는 것보다 천천히 말하는 게 오히려 좋아. 여러 사람 앞에서 말하다 보면 긴장되기 때문에 아무리 천천히 말하려고 해도, 나도 모르게 입에 모터가 달린 것처럼 말이 빨라지거든. 그러니 무조건 천천히 또 천천히! 이걸 기억하면서 말하도록 해. 숨을 충분히 들여 마시고 천천히 내뱉어 가면서 말하렴. 천천히 말하려고 노력해야 발음도 정확해져. 마침표가 있는 곳에서는 충분히 호흡해. 이렇게 하면 말하는 중간에 숨이 모자라서 말이 끊기는 일이 없어져.

빵빵 특공대의 조언 — 문장의 끝까지 확실하게 발음해!

의외로 많은 친구들이 저지르는 실수가 문장을 끝까지 끝맺음하지 않고 얼버무리면서 말한다는 거야. 쑥스러운 마음 때문인지 끝을 얼버무리지. 그러면 횡설수설 정신이 없는 것처럼 느껴지기도 하고, 자신감도 없어 보여. 문장은 보통 '마침표'로 끝나잖아. 사람들 앞에서 이야기할 때는 마침표가 있는 곳까지 확실하게 발음한다고 생각하고, "~습니다."라고 확실히 마무리를 지어 주자. 또 마침표가 끝난 다음에는 한 템포 쉬어 주는 것도 좋아. 처음의 큰 목소리를 끝까지 유지하는 것도 잊지 마!

말하기에는 문장부호도 중요해!

빵빵 특공대의 조언 — 자기소개는 필수야!

친한 친구들은 너에 대해서 이미 다 알고 있으니까 굳이 자기소개를 하지 않아도 된다고 생각하는 건 잘못된 생각이야! 너를 알고 있는 친구들보다 모르는 친구들이 훨씬 더 많을걸? 그리고 너를 알고 있는 친구들이 많아도, 네가 어떤 사람인지 다시 한번 똑바로 알리는 건 아주 중요한 일이야. 게다가 자기소개는 첫인상을 결정해 줘. 그렇기 때문에 친구들에게 좋은 인상을 줄 수 있는 자기소개 방법을 알고 있어야 해. 먼저 당연히 이름을 말해야겠지? 네가 작년에 몇 학년 몇 반이었는지도 알려 주면 좋아. 네가 좋아하는 음식이나 과목, 운동, 책을 소개해 줘도 좋지. 제일 중요한 건 네 성격을 말해 주는 거야. "나는 친구들과 스스럼없이 잘 지내는 명랑한 성격입니다!" 뭐 이렇게 말이야. 너의 개성이 잘 드러나게 자세히 이야기해 주면, 매력적인 친구라는 인상을 심어 줄 수 있다고!

2장
선거 공약의 기본을 알려 줄까?

학급 회장 당선 프로젝트의 2단계에 온 걸 환영해!

카롱이 (마카롱)

자, 이제 여기까지 읽었다면 학급 회장 당선 프로젝트의 첫 번째 단계를 제대로 밟은 거야.

1단계에서 '공식적인 말하기 방법'을 배웠다면 이제 2단계로 진입해야 해.

꽈잉이 (꽈배기)

호빵이 (호빵)

2단계를 공개할게! 바로 '선거 공약의 기본' 알기야. '공약'이 뭐냐고?

'공약'이란 선거에 나온 사람이 나머지 사람들에게 꼭 실천할 것이라고 약속하는 내용을 말해.

초초코 (초코케이크)

빼로 (빼빼로)

공약은 미리 준비해야 해. 그냥 즉석에서 생각해 내뱉어 버리면 안 돼. 공약은 네가 다른 친구들 모두와 함께하는 약속이니까, 아무 약속이나 할 수는 없겠지?

이제 '선거 공약의 기본'에 대해 함께 알아보자고!

아이들은 배려하는 사람을 좋아해!

빵빵 특공대의 조언 — 배려하는 어린이가 되겠습니다!

남을 도와주거나 보살펴 주려고 마음을 쓰는 걸 '배려'라고 해. 친구에게 배려받아 본 경험을 떠올려 봐. 왠지 모르게 마음이 따뜻해지고 그 친구가 고마워지지? 배려하는 마음은 고운 말과 친절한 행동으로도 표현할 수 있지만, 친구를 향해 다정한 미소를 지어주는 것, 상냥한 표정으로 인사해 주는 것으로도 표현할 수 있어.
이런 친구를 싫어하고 미워하는 친구는 아마 단 한 명도 없을걸?

이렇게 말해 보는 건 어때?

"제가 우리 반의 학급 회장이 된다면, 친구를 배려하는 어린이가 되겠습니다! 배려란, 남을 도와주거나 보살펴 주려고 마음을 쓰는 것입니다. 저는 우리 반이 서로 배려하는 사이가 되었으면 좋겠습니다. 제가 학급 회장이 되면 서로 배려하는 반이 될 수 있도록 친구들을 친절하게 도와주고, 상냥하게 미소 지으며 먼저 인사를 건네는 회장이 될 것을 약속합니다."

아이들은 성실한 사람을 좋아해!

빵빵 특공대의 조언 — 성실한 어린이가 되겠습니다!

'성실'이란, 정성스럽고 참된 마음을 말해. 나에게 주어진 일을 다른 사람에게 미루지 않고 해내려는 마음이지. 성실한 사람은 책임감이 있어. 묵묵히 꾸준하게 노력하는 마음은 다른 친구들에게 모범이 되니까, 성실한 학급 회장을 모두가 원할 거야. 학급 회장이 되지 않더라도, 성실한 마음가짐은 너에게 꼭 필요한 덕목이니까 선거와 상관없이 성실한 사람이 되도록 최선을 다해 보자.

이렇게 말해 보는 건 어때?

"제가 우리 반의 학급 회장이 된다면, 성실한 어린이가 되겠습니다! 성실이란, 정성스럽고 참된 마음입니다. 저는 제게 주어진 일을 다른 사람에게 절대 미루지 않고 꾸준히 노력하는, 책임감 있는 학급 회장이 되겠습니다. 그래서 모두에게 모범이 되는 학급 회장이 될 수 있도록 노력하겠습니다."

아이들은 싸움이 없는 반을 원해!

빵빵 특공대의 조언 — 싸움이 없는 우리 반을 만들겠습니다!

교실은 '우리 반'이라는 이름으로 만나서 학창 시절의 추억을 쌓아 가는 곳이야. 이 책을 읽고 있는 너는 교실에서 어떤 추억을 쌓고 싶니? 당연히 친구들과 즐겁고 행복한 추억만을 쌓고 싶겠지? 다툼이 없는 학급을 만들려면 학급 회장의 역할이 아주 중요해. 사소한 싸움 때문에 학교 폭력으로까지 크게 번지기도 하는 거, 너도 잘 알고 있지? 학급 회장이 앞장서서 다툼 없는 평화로운 반을 만들기 위해서 노력한다면, 그 교실에는 즐겁고 행복한 추억만 가득 찰 거야.

이렇게 말해 보는 건 어때?

"제가 우리 반의 학급 회장이 된다면, 다툼이 없는 학급을 만들겠습니다! 교실은 '우리 반'이라는 이름으로 만나서 학창 시절의 추억을 쌓아 가는 곳입니다. 여러분은 이 교실에서 어떤 추억을 쌓고 싶으십니까? 제가 학급 회장이 된다면, 우리 반 친구들 모두가 다투지 않고 화목하게 지내며 행복한 추억만을 쌓을 수 있도록 만드는 학급 회장이 될 수 있게 노력하겠습니다."

아이들은 장점이 많은 사람을 좋아해!

말이 나온 김에 시오 군의 장점을 좀 더 찾아보자!

여, 여, 여러분?! 저는 장점이 그렇게 많지 않아요!

좋아, 장점이 많은 사람을 싫어하는 아이들은 없으니까 말이지.

장점이 많은 걸 잘난 척한다고 생각하면 어떡해.

어허! 그게 무슨 소리야~ 장점이 없다니!

시오 군, 장점이 많은 거랑 잘난 척하는 건 엄연히 다르다고!

빵빵 특공대의 조언 — 저의 장점은 바로!

이 세상에 완벽한 사람이 있을까? 맞아! 이 세상에 장점으로만 가득 찬 사람은 없어. 누구나 부족한 점을 가지고 있지. 그렇지만 자신의 장점을 잘 알고 있는 사람은 자기가 무엇을 잘하고, 무엇에 자신 있는지를 잘 알기 때문에 자신감이 넘쳐. 그래서 자기의 장점을 잘 발견하는 것도 훌륭한 능력이야. 나의 장점을 찾다 보면, 다른 사람의 장점도 잘 보이지. 다른 사람의 장점을 발견하면, 그걸 칭찬해 주는 사람이 되자. 저마다 가지고 있는 장점을 많이 찾아 주고 칭찬해 주는 친구를 싫어하는 사람은 아무도 없을걸?

이렇게 말해 보는 건 어때?

"이 세상에 완벽한 사람은 없습니다. 그렇지만 모든 부분에서 부족한 사람도 없죠! 저는 그림을 좋아해서 그림을 잘 그리려고 노력한다는 장점이 있습니다. 또 친구들을 늘 칭찬하고 격려해 준다는 장점도 있습니다. 제가 우리 반의 학급 회장이 된다면 제가 가진 장점으로, 여러분에게 기분 좋은 미소를 선물해 드리겠습니다."

아이들은 이야기를 잘 들어 주는 학급 회장을 원해!

시오 군의 장점을 또 하나 찾아보자!

자, 힌트를 줄게. 네 몸의 한 부분과 관련이 있어.

반짝이는 내 눈빛?

내 튼튼한 다리?

나의 부드러운 손길?

아니라고! 바로 너의 귀야!

빵빵 특공대의 조언 — 경청하는 학급 회장이 되겠습니다!

'경청'이란, 귀를 기울여 듣는다는 뜻이야. 그냥 듣는 것이 아니라 상대방을 존중하는 마음으로 집중해서 듣는 거지. 친구를 존중할 줄 아는 사람은 친구의 말을 경청할 수 있어. 경청을 잘하는 친구들은 눈을 잘 마주치고, 끄덕여 주거나 공감을 잘해 주지. 학급 회장이라면 항상 친구들이 원하는 것이 무엇인지 귀를 크게 열고 친구들의 말에 경청할 수 있는 자세가 필요해.

이렇게 말해 보는 건 어때?

"제가 우리 반의 학급 회장이 된다면, 여러분의 말을 경청하는 회장이 되겠습니다! 경청이란, 귀 기울여 듣는 것으로 상대방의 이야기에 관심을 두고, 상대방의 입장에서 최대한 이해해 보려는 마음입니다. 학급 회장은 친구들에게 무엇이 필요하고, 무엇이 불편한지 알 수 있도록 늘 경청하는 태도를 가져야 한다고 생각합니다. 제가 회장이 되면 늘 경청하는 회장이 되겠습니다!"

3장

나는 ○○ 같은 회장이 될래!

학급 회장 당선 프로젝트의 3단계에 온 걸 환영해!

카롱이 (마카롱): 학급 회장 당선 프로젝트의 두 번째 단계까지 완성했어.

꽈잉이 (꽈배기): 1단계에서 '공식적인 말하기 방법'을 배웠고, 2단계에서 '선거 공약의 기본'에 대해서 배웠지?

도우넛 (도넛): 이제 학급 회장 당선 프로젝트의 3단계를 공개할게! '○○ 같은 회장 되기'야.

빼로 (빼빼로): '○○ 같은 회장'이 뭐냐고? 공약을 그냥 이야기하면 재미가 없잖아?

초초코 (초코케이크): 맞아. 특색이 없어서 금방 기억에서 잊히기도 해.

3단계에서는 좀 더 특색있게 공약을 말하는 방법에 대해서 알아보자고! 준비됐니? 출발!

마늘 같은 학급 회장이 되어 보자!

빵빵 특공대의 조언 – 저는 마늘 같은 학급 회장이 되겠습니다!

음식을 할 때 빠지지 않고 들어가는 재료가 있어. 바로 마늘이지. 찌개나 국, 볶음, 무침, 심지어 파스타와 피자까지 마늘이 들어가지 않는 요리를 찾아보기가 더 어려울 정도야. 그래서 '마늘 같은 사람'은 어디에나 필요하고, 누구와도 잘 섞여서 조화를 이루는 동시에 알싸한 매력이 있다는 뜻이야. 너도 마늘 같은 사람이 되어 보는 건 어떨까?

이렇게 말해 보는 건 어때?

"저는 마늘 같은 학급 회장이 되겠습니다! 마늘은 알싸한 향기를 가진 채소로, 매운맛이 나는 특징이 있습니다. 그리고 마늘은 음식에 반드시 들어가는 필수 재료입니다. 제가 학급 회장이 된다면 마늘처럼 없어서는 안 될 존재, 우리 반에 꼭 필요한 일을 하는 학급 회장이 되겠습니다!"

양파 같은 학급 회장이 되어 보자!

빵빵 특공대의 조언 — 저는 양파 같은 학급 회장이 되겠습니다!

양파 같은 사람은 어떤 사람일까? 양파는 여러 겹으로 이루어져 있다는 걸 알고 있니? 까도 까도 새로운 알맹이가 나오지. 그래서 매력이 많은 사람을 양파 같다고 해. 까고 까고 또 까도 새로운 매력이 나타나니까. '양파 같은 사람'은 알면 알수록, 친해지면 친해질수록 새로운 매력이 드러나는 사람이야. 너희들도 양파 같은 매력이 있는 사람이 되고 싶지 않니?

이렇게 말해 보는 건 어때?

"저는 양파 같은 학급 회장이 되겠습니다! 양파는 여러 겹으로 이루어져 있습니다. 그래서 까도 까도 새로운 알맹이가 계속 나옵니다. 저도 양파처럼 까고 까고 또 까도 새로운 매력이 나타나는 학급 회장이 되고자 합니다. 저를 우리 반의 회장으로 뽑아 주세요! 감사합니다!"

건전지 같은 학급 회장이 되어 보자!

빵빵 특공대의 조언 – **저는 건전지 같은 학급 회장이 되겠습니다!**

알람 시계, 움직이는 장난감, 텔레비전 리모컨, 휴대용 선풍기. 이 물건들에 꼭 필요한 게 있지. 맞아! 바로 건전지야. 이 물건들에 건전지를 끼우면 힘을 얻어서 작동을 시작하잖아. 그러니까 '건전지 같은 사람'이라는 뜻은, 누구에게나 힘찬 에너지를 전달하는 사람이라는 뜻이지. 우리 반의 학급 회장이 힘차고 기분 좋은 에너지를 전달할 수 있다면, 친구들도 너에게 한 표를 던져 주지 않을까?

이렇게 말해 보는 건 어때?

"제가 우리 반의 학급 회장이 된다면, 건전지 같은 회장이 되겠습니다! 여러분, 건전지가 없는 전자 제품은 움직일 수 없죠? 하지만 건전지를 넣으면 언제 그랬냐는 듯 힘차게 움직입니다! 저는 건전지처럼 우리 반 친구들에게 늘 힘을 나눠 주는, 에너지 넘치는 학급 회장의 모습을 보여 주겠습니다. 저를 우리 반 회장으로 뽑아 주세요!"

초인종 같은 학급 회장이 되어 보자!

빵빵 특공대의 조언 — 저는 초인종 같은 학급 회장이 되겠습니다!

이번엔 시오 군 스스로 생각해 내다니 정말 대단한걸? 초인종이 울리면 우리는 새로운 손님을 맞이하게 되잖아. 그러니까 '초인종 같은 학급 회장'이라는 뜻은, 부르면 언제든 달려 나갈 준비가 되어 있는 학급 회장이라는 뜻이지. 언제든 우리 반을 위해서 봉사할 자세가 되어 있는 학급 회장! 어때, 멋지지 않아?

이렇게 말해 보는 건 어때?

"저는 초인종 같은 학급 회장이 되겠습니다! 여러분, 초인종 소리가 들리면 반가운 마음으로 손님을 맞이하러 현관문으로 달려 나가지요? 저도 여러분에게 좋은 소식을 들려주는 초인종 같은 회장이 되겠습니다! 언제든 초인종을 누르듯 저를 불러 주세요! 여러분이 필요할 때마다 귀찮아하지 않고, 언제든 여러분을 위해 봉사하는 학급 회장이 되겠습니다!"

지팡이 같은 학급 회장이 되어 보자!

빵빵 특공대의 조언 — 저는 지팡이 같은 학급 회장이 되겠습니다!

지팡이는 할머니, 할아버지만 쓰는 물건이라고? 아니야. 그렇지 않아. 너희들도 운동장에서 넘어져 다리를 다쳤을 때, 높은 산을 오르는데 다리가 아플 때 지팡이를 짚을 수 있지. 지팡이는 다리가 불편할 때 다리의 힘을 좀 덜어 주며 한 걸음 한 걸음 내디딜 수 있게 도와줘. 그러니까 '지팡이 같은 회장'은 친구들이 힘들 때 기꺼이 나서서 도와줄 수 있는 역할을 하는 학급 회장이 되겠다는 뜻이지. 너희도 지팡이처럼 다른 사람들을 도와줄 수 있는 사람이 되어 보는 게 어때?

이렇게 말해 보는 건 어때?

"제가 우리 반의 회장이 된다면 지팡이 같은 학급 회장이 되겠습니다! 지팡이는 다리를 다치거나 힘들 때, 여러분의 다리를 대신해 땅을 짚어 한 걸음 한 걸음 내디딜 수 있도록 도와줍니다. 저도 지팡이처럼 여러분이 힘들 때 곁에서 기꺼이 그리고 묵묵히 도움을 주는 회장이 되고 싶습니다."

4장

너의 유머로 아이들을 녹이는 건 어때?

학급 회장 당선 프로젝트의 4단계에 온 걸 환영해!

카롱이
(마카롱)

이야, 엄지척!
벌써 3단계를 마쳤어. 정말 대단해!

호빵이
(호빵)

좋아! 그렇다면 학급 회장 당선 프로젝트의 4단계를 공개할게!
'유머러스하게 발표하기'야.

빼로
(빼빼로)

어때? 우리가 들려주는 이야기가 도움이 되니?

도우넛
(도넛)

유머는 개그맨같이 쇼맨십이 있는 친구들만 가능할 것 같다고?

꽈잉이
(꽈배기)

아니야,
우리처럼 평범해도 충분히 유머로 친구들을 사르르 녹일 수 있다고!

이제 4단계로 진입할 준비됐니? 자, 출발!

> **빵빵 특공대의 조언 — 여러분이 필요하실 때 언제든 저를 뽑아 주세요!**

휴지가 필요할 때 갑 휴지에서 휴지를 뽑아 쓰지? 바로 그거야. 네가 직접 휴지를 뽑는 동작을 하면서 학급 회장으로 뽑아 달라고 말하는 거야. 휴지는 여기저기 더러운 얼룩을 깨끗이 닦아 주는 역할을 하니까, 네가 친구들의 깨끗한 휴지가 되어 주겠다고 말하면서 휴지를 뽑는 동작을 하면 기억에 더 오래 남겠지?

> **이렇게 말해 보는 건 어때?**

"여러분, (휴지를 뽑으면서) 저를 우리 반 회장으로 뽑아 주세요! 저를 학급 회장으로 뽑아 주신다면 (휴지를 뽑으면서) 여기저기 더러운 얼룩을 깨끗이 닦아 주는 하얀 휴지처럼, 여러분을 항상 돕는 회장이 되겠습니다. 다시 한번 부탁드립니다. (휴지를 뽑으면서) 저를 뽑아 주세요!"

빵빵 특공대의 조언 — 여러분의 실내화가 되겠습니다!

시오 군이 조금 전에 뭐라고 했지? 오래 신어서 밑창이 닳았다고 했어! 아무리 튼튼한 실내화도 오래 신으면 바닥이 닳아. 자, 그러니까 '실내화가 닳을 때까지 열심히 노력하겠다.'라는 말은 정말 열심히 발로 뛰는 학급 회장이 되겠다는 걸 말하겠지? 어때? 이렇게 노력할 자신 있지?

이렇게 말해 보는 건 어때?

"여러분, 저를 우리 반 학급 회장으로 뽑아 주십시오! (실내화를 벗어 직접 보여 주면서) 이것이 무엇인지 아시나요? 네, 바로 실내화입니다! 제가 우리 반 회장이 된다면 제가 신고 있는 이 실내화가 닳을 때까지 우리 반을 위해서 열심히 봉사하겠습니다. 감사합니다!"

진짜 이런 방법도 있다고?

빵빵 특공대의 조언 — 인사에서부터 시선 집중!

소견 발표를 유머러스하고 재치 있게 하고 싶다면, 처음 등장할 때부터 사람들의 시선을 집중시키는 게 좋겠지? 우리 엄마 친구는 이렇게 했대! 일단 터벅터벅 교실 앞으로 나가 교탁 뒤에 섰대. 그러고 나서 "안녕하세요!" 하고 고개 숙여 인사하다가 교탁에 자기 이마를 '쿵' 하고 부딪힌 거야. 그 모습을 본 친구들은 모두 크게 웃음이 터졌고, 엄마 친구는 이렇게 말했대. "저는 괜찮습니다. 우리 반의 회장이 될 수 있다면 이 정도의 아픔은 참을 수 있습니다. 하하하!" 결국 그 친구가 학급 회장으로 당선되었대!

이렇게 말해 보는 건 어때?

1. 당당하게 걸어 나가 교탁 뒤에 서기
2. "안녕하세요!"라고 큰 소리로 인사하기
3. 고개를 숙이다가 교탁에 이마를 '쿵'
4. "저는 괜찮습니다! 우리 반의 회장이 될 수 있다면 이 정도의 아픔은 참을 수 있습니다. 하하하!"라고 말하기

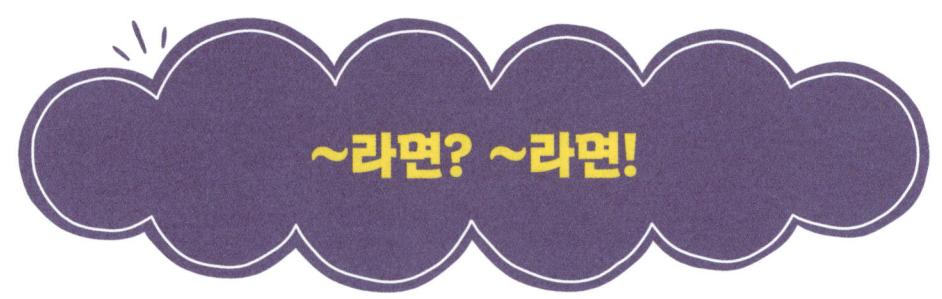

~라면? ~라면!

어디선가 맛있는 냄새가 나는데?

아니 이 냄새는? 라면 냄새인데!

꼴깍 꼴깍

라... 라면도 소견 발표에 활용할 수 있어서 말이야.

빼로야, 맛있는 라면을 혼자 먹기 있기 없기?

헤헤, 미안! 같이 먹자!

빵빵 특공대의 조언 — 제가 우리 반 회장이~라면!

소견 발표를 할 때 빼놓지 않고 하는 말이 있지. "제가 우리 반 회장이 된다면~"이라는 말이지. 이걸 조금 바꿔서 이렇게 말해 보는 건 어떨까? "제가 우리 반 회장이라면~"이라고 말이야. 어때? 그리고 그때 바로 아이들이 좋아하는 라면 봉지를 들어 보이는 거야. "회장이~라면!"이라고 말할 때 말이지. 어때, 시선이 집중되겠지?

이렇게 말해 보는 건 어때?

"안녕하세요. 첫째, 제가 우리 반 회장이~라면! (라면 봉지를 보여 주며) 우리 반을 행복한 반으로 만들 수 있도록 노력하겠습니다. 둘째, 제가 우리 반 회장이~라면! (라면 봉지를 보여 주며) 우리 반을 싸움이 없는 반으로 만들 수 있도록 노력하겠습니다! 셋째, 제가 우리 반 회장이~라면! (라면 봉지를 보여 주며) 위에서 말한 두 가지를 잘 지킬 수 있도록 노력하겠습니다!"

'대왕 귀'를 준비해!

빵빵 특공대의 조언 — '대왕 귀'로 여러분의 목소리를 듣겠습니다!

지난번에 이야기했지? 학급 회장은 반을 대표하는 역할을 하므로 친구들의 의견에 늘 귀 기울일 줄 아는, 경청하는 자세를 가져야 한다고 말이야. 그러니 경청하는 학급 회장이 되겠다는 의미로 '대왕 귀'를 준비하는 건 어때? '대왕 귀'를 어떻게 준비하냐고? 혹시 귀가 길게 덮이는 털모자가 있니? 이걸 한 쪽씩 누르면서 말하는 거지! 귀 기울이는 학급 회장이 되겠다고 말이야.

이렇게 말해 보는 건 어때?

"여러분, 저는 이 털모자처럼 귀를 크~게 열고, 여러분의 이야기를 잘 들어 주는 학급 회장이 되겠습니다. (왼쪽 귀를 누르면서) 빅! 왼쪽 귀로도 잘 듣고, (오른쪽 귀를 누르면서) 빅! 오른쪽 귀로도 잘 듣겠습니다! 제 활약을 기대해 주세요!"

'행운의 물건'을 준비해!

빵빵 특공대의 조언 — 저에겐 '행운의 물건'이 있습니다!

무슨 말도 안 되는 소리냐고? 그래, 맞아. 전혀 과학적이지 않지. 그래도 충분히 있을 수 있잖아? 너에게 행운을 가져다주는 물건 말이야. 없다고? 그럼, 지금부터 만들어 봐. 인형이 될 수도 있고, 모자가 될 수도 있지. 그리고 행운을 가져다주는 그 물건이, 너에게 학급 회장으로 뽑히는 행운까지 가져다줄 거라고 친구들에게 말하는 거야.

이렇게 말해 보는 건 어때?

"여러분, 이게 무엇인지 아십니까? 맞습니다. 이건 그냥 돌멩이입니다. 하지만 이 돌멩이는 제게 큰 의미가 있습니다. 왜냐하면 이 돌멩이는 저희 할머니가 저에게 주신 행운의 물건이기 때문입니다. 이 행운의 물건은 저에게 종종 큰 행운을 가져다주었는데요. 그래서 오늘도 가져왔습니다. 왜냐하면 우리 반의 학급 회장이 되는 건 저에게 큰 행운이기 때문입니다!"

5장

멋있는 말을 집어넣어 봐!

학급 회장 당선 프로젝트의 5단계에 온 걸 환영해!

카롱이 (마카롱)
어때? 4단계 재미있었니?
기발한 아이디어가 참 많지?

빼로 (빼빼로)
직접 소리 내어 읽으면 더 도움이 될 거야.

초초코 (초코케이크)
맞아. 눈으로만 읽지 말고, 직접 소리 내어 읽어도 보렴. 훨씬 더 재미있을 테니까!

호빵이 (호빵)
좋아! 그렇다면 학급 회장 당선 프로젝트 5단계를 공개할게! 바로 '명언 사용하기'야.

도우넛 (도넛)
명언은 많은 사람에게 알려진 유명한 말이야. 걱정하지 마. 우리가 여러 유명한 말을 많이 알려 줄 거니까!

5단계로 진입할 준비됐니? 자, 출발!

세상에서 가장 소중한 '금'은?

시오 군이 나날이 발전하고 있어!

끄덕 끄덕

시오 군이 다음 학기에 회장이 되면 축하 파티라도 해야 하지 않을까?

파티가 뭐야, '황금'이라도 사 줘야지!

'황금'은 너무 비싸니까, '소금' 어때?

'소금'보다 더 귀한 게 있어. 바로 '지금'!

> **빵빵 특공대의 조언 — 가장 소중한 순간은 바로 '지금'입니다!**

세상에는 소중한 '금'이 세 가지 있어. 부자로 만들어 주는 '황금', 세상 모든 맛의 근원인 '소금', 가장 소중한 순간인 '지금'이야. 어때, 참 좋은 명언이지?

> **이렇게 말해 보는 건 어때?**

"여러분! 세상에는 세 가지의 소중한 '금'이 있다고 합니다. 바로 가지고만 있어도 부자로 만들어 주는 '황금', 모든 음식에 꼭 필요한 맛의 근원인 '소금', 마지막으로 가장 소중한 순간인 바로 '지금'입니다. 제가 여러분께 황금과 소금을 드릴 수는 없지만, 제가 학급 회장이 되면 여러분과 지금을 더 행복하게 누릴 수 있도록 최선을 다하겠습니다! 감사합니다!"

감명 깊게 읽은 책을 활용해 봐!

> **빵빵 특공대의 조언 — 선거와 관련된 책을 소개해 봐!**

소견 발표를 할 때 책을 적극적으로 활용하는 것도 좋아. 책 내용이 학급 임원 선거와 관련된 내용이라면 더욱 좋겠지? 책 한 권을 추천해 볼게. 《잘못 뽑은 반장》이라는 동화책인데, 무턱대고 반장이 되고 싶었던 주인공이 어쩌다가 반장으로 뽑혔다가, 반장이라는 자리의 책임을 알게 된 후 열심히 노력하게 된다는 내용이야.

> **이렇게 말해 보는 건 어때?**

"여러분! 《잘못 뽑은 반장》이라는 책을 아시나요? 이 책의 주인공 '이로운'은 어쩌다가 반장이 되는데요. 이후 친구들은 반장을 잘못 뽑았다며 후회합니다. 저를 학급 회장으로 뽑아 주신다면 잘못 뽑은 회장이 아닌, 잘 뽑은 회장이라는 소리를 들을 수 있도록 우리 반에 꼭 필요한 역할을 해내겠습니다!"

빵빵 특공대의 조언 - 링컨 대통령의 명언을 활용해 봐!

링컨은 미국의 16대 대통령이야. 미국인들이 가장 존경하는 대통령으로 손꼽히지. 링컨 대통령의 연설도 그만큼 유명한데, 그중에서도 '게티즈버그 연설'이 유명해. 왜냐하면 이 연설에서 전 세계 사람들에게 널리 알려질 명언을 말씀하셨거든. 뭐냐고? 바로 '국민의, 국민에 의한, 국민을 위한 정부'라는 말이야. 이 말은 오로지 국민을 위해 일하겠다는 링컨 대통령의 의지를 나타낸 말이지!

이렇게 말해 보는 건 어때?

"미국인들이 가장 존경하는 대통령이 누구인지 아십니까? 미국의 16대 대통령인 링컨 대통령입니다. 링컨 대통령은 연설에서 '국민의, 국민에 의한, 국민을 위한 정부'를 만들겠다고 말했습니다. 저는 링컨 대통령의 이 명언을 조금 바꿔서 말하고 싶습니다. '여러분의, 여러분에 의한, 여러분을 위한 회장'이라고 말입니다. 제가 학급 회장이 된다면, 저 혼자 기쁘고 재미있는 우리 반이 아닌, 여러분이 재미있고, 여러분이 즐겁고, 여러분이 행복한 학급을 만들기 위해 최선을 다하겠습니다!"

세상에서 가장 위대한 알파벳 세 개는 무엇일까?

반짝반짝 작은 별 아름답게 비추네~.

시오 군, 무슨 기분 좋은 일이라도 있는 거야?

그런데 이 노래 말이야. 알파벳 노래랑 음이 똑같네?

A(에이), B(비), C(씨), D(디), E(이), F(에프), G(쥐)~.

시오 군, 가장 위대한 알파벳 세 개가 뭔지 알아?

아니! 이번에는 어떤 명언이야?

빵빵 특공대의 조언 — 세상에서 가장 위대한 알파벳은 'N', 'O', 'W'!

세상에서 가장 위대한 알파벳 세 개는 무엇일까? 답을 알려 줄게! 영국의 시인 월터 스콧은 이렇게 말했어. "영어 알파벳 중에서 가장 위대한 알파벳 세 개는 'N(엔)', 'O(오)', 'W(더블유)', 'NOW(나우)'! 바로 '지금'이다." 어때? 맞는 것 같니?

이렇게 말해 보는 건 어때?

"여러분, 세상에서 가장 위대한 알파벳 세 개가 무엇인지 알고 계시나요? 영국의 시인 월터 스콧은 다음과 같이 말했습니다. '영어 알파벳 중에서 가장 위대한 알파벳 세 개는 N(엔), O(오), W(더블유), NOW(나우)! 바로 지금이다.' 여러분과 제가 우리 반이라는 한 교실 안에서 함께 지내는 바로 지금! 'NOW(나우)'를 위해 제가 학급 회장이 되어 최선을 다하겠습니다!"

빵빵 특공대의 조언 — 보통 사람과 위대한 사람의 차이는 무엇일까?

초초코가 말한 명언은 영국의 시인 로버트 번스가 한 말이야. 로버트 번스는 이렇게 말했대. "나는 어렸을 때부터 보통 사람과 위대한 사람의 차이를 '조금 더'라는 세 글자로 설명할 수 있다고 믿어 왔다. 정상에 있는 사람은 많은 일을 훌륭히 했고, 그리고 조금 더 한 사람이다." 어때? 공감이 되니? 그리고 학급 회장이라면 다른 친구들보다 조금 더 일을 훌륭히 해야겠지?

이렇게 말해 보는 건 어때?

"여러분, 영국의 시인 로버트 번스는 이렇게 말했습니다. '정상에 있는 사람은 많은 일을 훌륭히 했고, 그리고 조금 더 한 사람이다.' 제가 우리 반 회장이 된다면, '조금 더' 봉사하고, '조금 더' 열심히 하고, '조금 더' 노력하는 학급 회장이 되겠습니다. 보이지 않는 곳에서 '조금 더' 묵묵히 노력하는 회장의 모습을 보여 드리겠습니다!"

6장

내가 전교 어린이 회장 선거에 나간다면!

학급 회장 당선 프로젝트의 5단계에 온 걸 환영해!

카롱이
(마카롱)

5단계는 어땠어?
이것 말고도 명언은 많으니까, 훌륭한 분의 명언을 더 찾아보는 것도 큰 도움이 될 거야.

자, 이제 정말 마지막 단계로 진입하고 있어! 이번 단계는 보너스 단계야.

초초코
(초코케이크)

바로 '전교 어린이 회장 선거'를 준비하는 친구들을 위한 단계지!
전교 어린이 회장 선거는 초등학교 고학년 어린이 중에서
각 학교의 대표 어린이를 선거로 뽑는 걸 말해.

도우넛
(도넛)

아무래도 전교 어린이들 앞에서 선거 유세를 해야 하고,
전교 어린이를 대표하는 자리인 만큼 그 책임감 또한
남다르다고 할 수 있어.

호빵이
(호빵)

맞아. 전교 어린이 회장은 그냥 재미로 한번 나가 보거나, 인기를 얻기 위해 나가는 자리가 아니야.
네가 다니는 초등학교의 어린이를 대표하는 자리니까, 많은 선배와 후배를 품는 여유와 배려심이
정말 필요하다고 할 수 있어! 자, 그럼 지금부터 시작해 보자!

> **빵빵 특공대의 조언** — **친구들의 환심을 사려고 허무맹랑한 약속을 해서는 안 돼!**

전교 어린이 회장 선거에 나온 후보 중에 지키지도 못할 약속을 공약으로 말하는 경우가 있어. 친구들의 환심을 사야 하니까 허무맹랑한 약속을 하는 거야. 예를 들어, "여러분이 좋아하는 떡볶이를 일주일 내내 급식 반찬으로 집어넣겠습니다!"라든지, "여러분이 좋아하는 체육 수업을 매일 들을 수 있도록 만들겠습니다!"라든지, "여러분을 위해 등교 시간을 10분 늦추겠습니다!"라든지 말이야. 이런 공약을 내세우는 후보에게는 절대로 표를 주어서는 안 된다는 걸, 모두 잘 알고 있어야 해. 재미있어 보이고, 웃겨 보인다는 이유로 표를 줘서는 안 된다는 걸 꼭 명심해!

> **이렇게 말해 보는 건 어때?**

"안녕하세요! 저는 ㅇㅇ초등학교 전교 어린이 회장 선거에 출마하게 된 ㅇ학년 ㅇ반 기호 ㅇ번 ㅇㅇㅇ입니다! 저는 여러분께 꼭 지킬 수 있는 약속만 하고 싶습니다. 전교 어린이 회장이 되고 싶다는 이유로 지키지도 못할 약속을 하지 않는, 진실한 전교 어린이 회장이 되겠습니다."

'무비 데이'를 건의해 보겠습니다!

> **빵빵 특공대의 조언 ― 학생들을 위한 행사를 선생님들께 건의해 봐!**

전교 어린이 회장 혼자서 할 수 있는 건 많지 않아. 그래서 선생님들께 건의해 볼 수 있는 것들이 무엇이 있는지 잘 생각해 봐야 해. 한 학기에 한 번 정도 '무비 데이'를 만들어 학교 도서관에서 영화를 상영하는 행사는 전교 어린이 회장으로서 충분히 건의해 볼 수 있지 않을까?

> **이렇게 말해 보는 건 어때?**

"여러분, 영화 좋아하십니까? 재미있는 영화 한 편은 우울한 일상을 기분 좋게 바꿔 줍니다. 또 감동적인 영화 한 편은 마음속에 오래오래 남습니다. 제가 우리 학교 전교 어린이 회장이 된다면, 선생님들께 '무비 데이'를 만들어 달라고 건의해 보겠습니다. 그래서 모두 함께 영화를 보며 학교에서 좋은 추억을 남기도록 하겠습니다."

급식 반찬을 건의해 보는 건 어때?

얘들아, 안녕! 너희 어디 가는 길이야?

배가 너무 고파서 어디를 갈지 고민 중이야.

너희들도 학교에 다니면 좋을 텐데!

배고플 땐 학교 식당에서 급식을 먹으면 되거든!

오늘은 떡볶이랑 튀김이 나왔어.

시오 군, 너무해. 이렇게 배가 고픈 우리에게!

빵빵 특공대의 조언 — 전교생을 대표해서 급식 반찬을 건의해 보는 거야!

급식 시간은 학교에 다니는 학생이라면 누구든지 기다리는 시간일 거야. 그러니 전교 어린이 회장 선거에 나갈 때 가장 쉽게 활용할 수 있지 않을까? 물론 전교 어린이 회장이 영양 선생님의 권한을 대신할 수는 없지만, 그래도 전교 어린이들을 대표해서 원하는 급식 반찬을 건의할 수는 있을 거야. 화이팅!

이렇게 말해 보는 건 어때?

"안녕하세요! 우리 학교에 다니는 여러분들은 모두 알고 계실 겁니다. 우리 학교 급식이 정~말 맛있다는 것을요! 그래서 여러분들이 매일 급식 시간을 기다리는 것도 잘 알고 있습니다. 제가 전교 어린이 회장이 된다면, 여러분들이 원하는 급식 메뉴를 설문 조사로 알아보고, 영양 선생님께 전달하도록 하겠습니다!"

양심 우산을 설치해 보면 어떨까?

빵빵 특공대의 조언 — 갑자기 비가 올 때 학교에서 우산을 빌려준다면?

갑자기 비가 내리는데, 우산이 없어서 난감했던 적 있지? 이럴 때 학교에서 우산을 빌려주면 비를 맞지 않고 집까지 갈 수 있을 거야. 전교 어린이회 임원들이 우산을 여러 개 구비해서 자유롭게 쓰고 가져다 놓을 수 있도록 관리해 주면, 학생들이 좀 더 편리하게 학교에 다닐 수 있을 거야.

이렇게 말해 보는 건 어때?

"안녕하세요! 여러분, 학교 끝나고 집에 가려는데 갑자기 비가 내려서 비를 맞아 본 경험이 있으신가요? 제가 우리 학교 전교 어린이회장이 된다면, 갑자기 내리는 비에 당황하지 않고 무사히 집에 갈 수 있도록 학교에 양심 우산을 비치하겠습니다."

각 반에 구급상자를 두는 것도 좋을 거야!

카롱이 살려~.

흑흑, 손을 다쳤어!

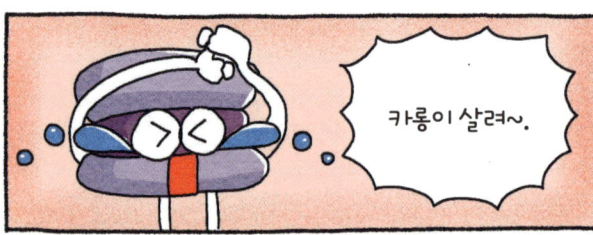
카롱아, 왜 그래? 무슨 일이야?

어디 봐, 많이 아파?

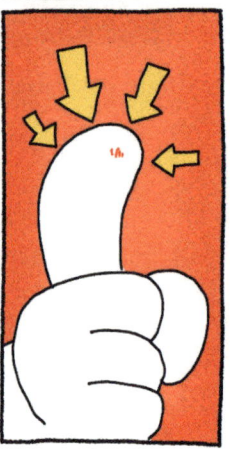

이럴 땐 교실에 반창고가 있으면 좋을 텐데.

빵빵 특공대의 조언 – 교실에 구급상자가 있으면 안심이지!

상처가 생겼는데, 내 눈에만 보일 만큼 찌르르하게 아픈 적 있지? 딱히 피가 나는 것도 아니라 보건실까지 가기에는 정말 애매할 때 말이야. 그럴 때 교실에 구급상자가 있어 반창고를 붙일 수 있다면 얼마나 좋을까? 이런 세심한 배려는 많은 사람에게 감동을 주는 법이지!

이렇게 말해 보는 건 어때?

"여러분, 저는 학교생활에서 중요한 것 중 하나가 바로 '안전'이라고 생각합니다. 제가 전교 어린이 회장이 된다면, 모든 학급에 구급상자를 비치하겠습니다. 여러분이 안전하게 학교생활을 할 수 있도록, 가벼운 상처는 교실에서 바로 대처할 수 있게 비상용품을 준비하도록 하겠습니다!"

에필로그

"학교 다녀오겠습니다!"

초등학교 4학년이 된 시오! 등교하는 모습이 어디선가 많이 본 모습 같아요. 맞아요! 딱 1년 전, 초등학교 3학년이 되어 처음 등교하던 날과 많이 닮았어요. 그날도 시오의 발걸음에서는 씩씩함이 잔뜩 묻어났었거든요. 여전히 밝고 씩씩한 모습의 시오입니다.

시오가 4학년을 기다린 이유, 이제 여러분도 알겠죠? 학급 임원 선거를 기다렸어요. 빵빵 특공대가 이렇게 열심히 시오를 도와줬는데 당연한 거 아니겠어요?

그럼 시오는 학급 임원 선거에서 활약했을까요? 글쎄요. 그건 선생님도 모르겠어요. 여러분의 생각은 어떤가요? 시오는 과연 학급 회장이 될 수 있을까요? 여러분만의 상상의 날개를 펼쳐 주세요.

마지막으로 선생님이 여러분에게 꼭 말해 주고 싶은 비밀 세 가지가 있어요.

첫 번째, 중요한 건 진심이다! 어린이 여러분, 가장 중요한 건 진심입니다. 학급 회장이 되고 싶고, 당선되어 임명장을 받고 싶은 마음 말고요. 진심으로 친구들을 돕고, 학급을 위해 봉사하겠다고 생각하는 그 진심이요. 학급 회장이 되고 싶은 마음이 봉사하겠다는 마음보다 더 커 버리면, 친구들이 벌써 눈치를 채 버리거든요. '정말 우리 반을 위해 봉사할 준비가 되어 있긴 한 걸까?' 하고요. 여러분, 진심이 가장 중요하다는 점 잊지 말아요.

두 번째, 실수해도 괜찮다! 정말 열심히 소견 발표를 연습했는데 막상 앞에 나가서 발표하려니, 눈앞이 캄캄하고 심장은 두근두근 방망이질하며 목소리는 바들바들 떨려서 큰 목소리를 낼 수 없을 수도 있어요. 나도 모르게 준비한 멘트가 엉켜 버려서 당황하는 일도 충분히 생길 수 있고요. 그런데 실수해도 괜찮아요. 실수하더라도 많이 당황하지 않고 잘 대처하는 의젓하고 노련한 모습이 오히려 여러분에게 좋은 인상을 가져다줄 수 있어요.

세 번째, 마지막까지 존중을 담아야 한다! 소견 발표는 듣는 사람(청중)이 명확해요. 맞아요! 바로 여러분의 친구들이죠! 이렇게 듣는 사람이 명확할 때는 듣는 사람을 존중하는 말하기가 기본 매너랍니다. 그리고 듣는 사람을 존중하는 가장 간단한 방법이 있어요. 바로 "감사합니다."라고 말하기입니다. 너무 당연하다고요? 그렇지 않아요! 생각보다 많은 어린이들이 선거에 나와서 마지막에 "제 소견 발표를 들어 주셔서 감사합니다."라고 말하지 않거든요. 이 책을 읽은 어린이들은 마지막에 꼭 덧붙이는 거예요. "제 소견 발표를 들어 주셔서 감사합니다!"라고요.

그런데 선생님은 이렇게 생각해요. 학급 임원 선거에서 당선이 되느냐, 그렇지 못하느냐는 그다지 중요한 것이 아니라고 말이죠. 정말로 중요한 건, 학급 친구들을 위해서 봉사를 하겠다는 의지를 가졌다는 것 그 자체랍니다. 또 학급 임원 선거를 준비하면서 여러 사람 앞에서 큰 목소리로 말하는 걸 연습하는 것, 바로 그것이랍니다.

솔직히 고백하는데요. 선생님은 어릴 적에 학급 임원 선거에서 매번 떨어졌었어요. 학급 회장은 되고 싶었는데, 아무래도 용기와 자신감이 부족했던 것 같아요. 학급 임원 선거에서 늘 떨어지던 어린이가 시간이 흘러 초등학교 선생님이 되었어요. 선생님이 되고 보니 알겠더라고요. 용기와 자신감도 부족했었지만, 센스 있게 소견 발표를 준비하지 못했던 것도 떨어진 이유였어요. 그래서 이 책을 만들었어요. 선생님은 여러분에게 큰 도움이 되기를 바라는 마음뿐입니다.

하지만 학급 회장이 되지 않으면 어때요? 여러분에게는 아직 많은 기회가 있고, 또 학급 회장이 되지 않아도 여전히 멋지고 대견한, 책임감 있게 노력하는 어린이라는 것을 교실에서 증명해 보이면 되는 거죠. 이 책을 읽는 여러분은 모두 그런 어린이라는 걸, 선생님은 이미 알고 있어요.

혹시 이 책의 도움을 받아 학급 회장, 부회장이 되었다면 그것 또한 좋은 소식이니까 선생님에게 꼭 알려 주세요. 알겠죠?

그럼 항상 자신감 있고 당당하게, 바른 내용을 이야기할 수 있는 어린이 여러분 모두를 응원하겠습니다. 여러분, 고마워요!

_김수현

"책을 소리 내어 읽는 연습을 하면 유리해!"

"키가 커 보이는 자세를 취해 보자!"

"또렷하게 시선을 처리해 보자!"

"천천히 정말 천천히 말해야 해!"

"문장의 끝까지 확실하게 발음해!"

"자기소개는 필수야!"

"선거와 관련된 책을 소개해 봐!"

"링컨 대통령의 명언을 활용해 봐!"

"학생들을 위한 행사를 선생님들께 건의해 봐!"

"전교생을 대표해서 급식 반찬을 건의해 보는 거야!"

 "배려하는 어린이가 되겠습니다!"

"성실한 어린이가 되겠습니다!"

 "싸움이 없는 우리 반을 만들겠습니다!"

"경청하는 학급 회장이 되겠습니다!"

 "저는 마늘 같은 학급 회장이 되겠습니다!"

"저는 양파 같은 학급 회장이 되겠습니다!"

 "저는 건전지 같은 학급 회장이 되겠습니다!"

"저는 초인종 같은 학급 회장이 되겠습니다!"

 "저는 지팡이 같은 학급 회장이 되겠습니다!"

"여러분이 필요하실 때 언제든 저를 뽑아 주세요!"

학급 회장이 되고 싶은 아이들을 위한 말하기 수업
친구들 앞에서 당당하고 자신 있게 말하는 법

초판 1쇄 발행 2024년 8월 10일

글쓴이 김수현
그린이 보람
펴낸이 민혜영
펴낸곳 데이스타
주소 서울시 마포구 월드컵로 14길 56 3~5층
전화 02-303-5580 | **팩스** 02-2179-8768
홈페이지 www.cassiopeiabook.com | **전자우편** editor@cassiopeiabook.com
출판등록 2012년 12월 27일 제2014-000277호

ⓒ김수현·보람, 2024
ISBN 979-11-6827-210-1 (73700)

이 책은 저작권법에 따라 보호받는 저작물이므로 무단 전재와 복제를 금하며,
책의 전부 또는 일부를 이용하려면 반드시 저작권자와 ㈜카시오페아 출판사의
서면 동의를 받아야 합니다.

• 데이스타는 ㈜카시오페아 출판사의 어린이·청소년 브랜드입니다.
• 잘못된 책은 구입하신 곳에서 바꿔 드립니다.
• 책값은 뒤표지에 있습니다.